Jürgen Wolf

Krankheit und Sinn

AF146244

Jürgen Wolf

Krankheit und Sinn

Umgang mit der eigenen Erkrankung in Zuversicht

Fromm Verlag

Imprint

Any brand names and product names mentioned in this book are subject to trademark, brand or patent protection and are trademarks or registered trademarks of their respective holders. The use of brand names, product names, common names, trade names, product descriptions etc. even without a particular marking in this work is in no way to be construed to mean that such names may be regarded as unrestricted in respect of trademark and brand protection legislation and could thus be used by anyone.

Cover image: www.ingimage.com

Publisher:
Fromm Verlag
is a trademark of
Dodo Books Indian Ocean Ltd. and OmniScriptum S.R.L publishing group

120 High Road, East Finchley, London, N2 9ED, United Kingdom
Str. Armeneasca 28/1, office 1, Chisinau MD-2012, Republic of Moldova, Europe
Managing Directors: Ieva Konstantinova, Victoria Ursu
info@omniscriptum.com

Printed at: see last page
ISBN: 978-620-2-44028-8

Inhalt

Einführung

Seit 2022 erkrankte der Verfasser dieser Essays selbst an zunehmenden Lähmungserscheinungen in den Beinen. Er verbrachte mehrere Monate in der neurologischen Abteilung des Uniklinikums Jena. Dort wurde eine entsprechende Grunderkrankung vermutet. Zwischendurch nahm der Verfasser Reha - Maßnahmen wahr. Gleichermaßen führten sie aber nicht zu dem gewünschten Erfolg. Heute ist der Verfasser als Pflegefall auf viel Hilfe und Unterstützung angewiesen.

Erst nach 9 Monaten zeigte sich die wahre Ursache der Schädigung des Rückenmarkes. Es handelt sich um ein B – Zell – Lymphom. Diese Erkrankung gilt aus der Sich der Onkologen als gut behandelbar.

Für den Verfasser stellten sich aber inzwischen mit aufgelegenen Stellen am Körper noch andere Probleme ein. Das Therapiekonzept wurde dann umgestellt von reiner Chemotherapie auf Bestrahlung.

In den vorliegenden Essays nähert sich der Verfasser dem Thema einer so schwerwiegenden Erkrankung immer wieder neu. Zwischen den einzelnen Beiträgen kommt es daher auch zu inhaltlichen Doppelungen.

Dabei spielt seine Beziehung zu Gott eine wichtige Rolle. In der Beziehung zu Gott geht es nicht um eine abstrakte Größe nach dem Muster „der Herr muss es richten". In der Krise der Erkrankung sucht der Verfasser nach einer konkreten Beziehung zu dem Mensch gewordenen Gott der Bibel. Dabei spielt die konkrete Begegnung mit Gott durch Gebet und Meditation eine zentrale Rolle. Wert wird dabei auf eine konkrete Veränderung gelegt, die in den Meditation erfahrbar werden kann.

Da diese Essays als Grundlage für die Gestaltung von Gemeindeveranstaltungen gedacht sind, wird der Leser das in ihnen wahrnehmen. Gern ist er eingeladen, die angebotenen Impulse für Gebet und Meditation selbst aufzunehmen und zu gehen.

Neben der Beziehung zu Gott spielt in den Essays der Blick auf die Erkrankung eine wichtige Rolle. Was ist noch möglich? Wie ist ein gesundes Krank-Sein umsetzbar? Was kann und muss ich selbst tun? Den Weg mit Gott – das machen die einzelnen Abschnitte deutlich – muss ich selbst gehen. Dieses Gehen ist nicht an den Arzt, die Nachbarin oder andere Menschen deligierbar.

Insofern sind die Essays nicht einfach eine Lektüre zum Durchlesen, sondern können durchaus als Anleitung zum Handeln verstanden werden.

Der Verfasser wünscht einen gesegneten Gebrauch und Umgang mit den Texten.

Triptis, im März 2025

Dr. Jürgen Wolf

Krankheit als Lebenskränkung – und was hat Gott damit zu tun?

Die Erfahrung von Krankheit – warum passiert mir das?

Viele Menschen fragen, wenn sie krank werden: Warum passiert mir das? Warum gerade ich und womit habe ich das verdient?

Dahinter steht die Frage: Woher kommen Krankheiten? Kann ich Krankheiten verdienen? Kommen Krankheiten vielleicht sogar von Gott?

Dazu kann ich auch fragen: Kann ich Gesundheit verdienen? Habe ich einen Anspruch auf Gesundheit?

Menschen fragen: Warum passiert mir das? Womit habe ich das verdient? Das ist sowohl eine antike als auch eine moderne Fragestellung. Dahinter steht eine Lebenshaltung als könne man Krankheit verdienen. Das stimmt aber nicht. Auch Gesundheit kann nicht verdient werden.

Das antike Denken sagt: Krankheit wird durch einen Krankheitsdämon hervorgerufen. Und dieser Krankheitsdämon fällt den an, der keine ganz reine Weste hat. Die besondere Ausformung dazu haben wir bei Hippokrates. Hippokrates ist ein berühmter Arzt der Antike. Ihm werden eine Reihe von Schriften zugeordnet. Dem möchte ich jetzt im Einzelnen nicht nachgehen.

Krankheiten kommen nicht von Gott. In der Bibel gibt es keinen Hinweis darauf, dass Gott Krankheiten sendet. Jedenfalls, wenn man die Breite der biblischen Aussagen zu diesem Thema und zu dieser Frage anschaut.

Biblische Texte sind dabei allerdings darin z. T. Kinder ihrer Zeit. So heißt es etwa in Ps. 41,4: heile mich, denn ich habe an dir gesündigt. Dabei müsste es heißen: Heile mich, denn ich bin krank

Was in den biblischen Texten auch passiert ist, dass massive Krankheitsereignisse gedeutet werden. Etwa die Pest im assyrischen Heer während der Belagerung Jerusalems. 2. Könige 19, 35. Der Engel des Herrn schlug die Assyrer in der Nacht.

Die Frage kann ich in zwei Richtungen stellen; einmal in dem äußeren Horizont: Was ist das für eine Krankheit? Das kann lückenlos medizinisch erklärt werden, hat aber keine Trostkraft.

Ich kann die Anfrage von innen her stellen an Gott. Dazu muss ich mich in einen inneren Dialog begeben, den mir niemand abnehmen kann. Wie das geht darauf kommen wir noch. Jeder bekommt seine Antwort.

Persönlicher Bericht – die Kränkung
Ich selbst bin von einer Erkrankung heimgesucht worden, von der ich weder wusste, dass es sie so gibt, noch wo sie herkommt, noch welche Auswirkungen sie haben würde. Ich wusste auch nicht, was ich in medizinischer Hinsicht für ein komplizierter Patient bin.

Die Kompliziertheit bestand darin, dass die Ärzte zunächst zu keiner klaren Diagnostik kamen. Sie deuteten das Krankheitsgeschehen als Autoimmungeschehen. Auch da passte manches nicht. Auch Ärzte wissen nicht, woher Erkrankungen kommen.

Diese Krankheitserfahrung hat mir Klinikaufenthalte vom 16.10.2022 bis 16.08.2024 beschert. In dieser Zeit war ich gelähmt. Und ich hatte Gelegenheit am Anfang die Inhalte meiner bisherigen Predigttätigkeit zu durchdenken. Der Inhalt meiner Predigtinhalte im Zusammenhang Leben und Krankheit ist ja: **Gott kommt in die**

Dunkelheit der Krankheit. Stimmt das? Stimmt das für mich? Stimmt das für die anderen?

Antwort meines Nachdenken: Ja, es stimmt. Mir tat sich dabei eine Art unfreiwillige Auszeit auf und die Idee für diesen Vortrag wurde geboren.

Es begann so: Ab Mitte April 2022 spürte ich eine sich nach und nach entwickelnde Taubheit im Beckenboden. Im Juni 2022 stellte sich eine fieberhafte Erkrankung ein. Diese fieberhafte Erkrankung im Juni 2022 führte zu einem Klinikaufenthalt in Gera. Dabei lag der Schwerpunkt auf der Behandlung des Fiebers, nicht der Taubheit. Zunächst schien dabei auch alles gut zu werden. Das Fieber war weg. Behandelt wurde das Ganze mit Prednisolon. Das ist ein Medikament, das in einer bestimmten Höhe am Anfang gegeben wird. Später wird es zurückgefahren und ausgeschlichen.

Zum Herbst hin und nach dem allmählichen Absetzen des Medikamentes, entwickelten sich allerdings im Zusammenhang mit dem Taubheitsgefühl Lähmungserscheinungen und Harnverhalten bis in der Herbst. Am 16.10.2022 erfolgt die Einlieferung in Universitätsklinikum Jena.

Und ich werde dort gefragt: Was brauchen Sie denn?
Und ich denke: Wieso, was soll ich denn brauchen? Ich sage: na, nichts.

Na, sagt die Dame vom Sozialdienst: „Sie können nicht laufen. Haben sie da etwa zu Hause?" Und mir fallen die Gehhilfen von Saskia, unserer Tochter ein. Genau die haben wir.
„Nein, nein, sagt sie: ich meine einen Rollstuhl oder einen Rollator".
Ich denke: Rollator? Mit dem geht Frau Mustermann aus dem Rosenweg in die Kirche oder zum Frauenkreis. Was soll ich mit einem Rollator?

Das war der Moment einer tiefen Infragestellung meiner Lebenssituation.

Soll ich künftig das Abendmahl mit Rollator austeilen? Wie vollziehe ich eine Taufe mit Rollator? Das Ritual der Grablegung bei einer Beerdigung habe ich bisher immer auswendig und gewissermaßen „freihändig" vollzogen. Was haben da jetzt ein Rollator oder ein Rollstuhl zu suchen?

Plötzlich überblickte ich die Situation nicht mehr – hatte ich das Gefühl - .

Zunächst kam ich zur Reha nach Bad Klosterlausnitz. Dort machte ich gute Fortschritte. Dann erlebte ich einen massiven Einbruch, der mich auf ein Niveau von vor dem 16.10 zurückwarf – Lähmung und Harnverhalten - . Wieder ein Aufenthalt in Jena ab Anfang Februar 2023. In dieser Zeit war ich keinen Tag zu Hause.

Das war eine tiefe Infragestellung meines Lebens: Die Krankheit nimmt mir etwas. Dass sie das nimmt tut mir weh. Das ist ein Schmerz. Die Krankheit kränkt das Leben.

Der Inhalt der Kränkung ist: Sie stellt das Leben in Frage. Sie führt zu einem Neudenken des Lebens. Sie stellt Lebenskonzepte in Frage oder beendet sie ganz und gar.

Dabei ist aber genau auch der Schmerz der Moment, der weiterführt. Der Schmerz der Kränkung ist es, der weiterführt, weil nur der Anblick des Schmerzes der Weg aus dem Schmerz ist. Das ist aber schon ein neuer Gedanke, dem wir unten weiter nachgehen wollen.

Was wird werden? Krankheiten kommen nicht von Gott. Und auch die Ärzte wissen nicht in jedem Falle, woher Krankheiten kommen. Meine These ist jetzt – und das war auch in meinen Predigten so und erweist sich Tatsache in dieser Krankheit: **Gott kommt in die Krankheit.**

1. In Jes. 52 lesen wir, dass da ein Knecht von Gott ist, der unser Krankheit trug und unser Schmerzen auf sich nimmt.

Da ist jemand, der uns beisteht. Das heißt auch, der uns begleitet und trägt.

Das sagt sich so leicht dahin.

Wir können diesen Knecht auch nicht vorzeitig mit Jesus gleichsetzen. Die frühe Kirche hat das getan, um das Leiden Jesu besser zu verstehen. Das ist aber eine andere Ebene, der ich jetzt nicht nachgehen kann und möchte.

2. Gott kommt in die Krankheit, weil er in alles Leiden kommt. Das äußere Zeichen dafür ist das Kreuz.

3. Jesus selbst lehnt den Zusammenhang zwischen Schuld und Krankheit ab. Im Johannesevangelium 9 begegnen Jesus und seine Jünger einem Blindgeborenen. Die Jünger fragen: Wer ist schuld daran, dass dieser blind geboren ist. Wer ist schuld? Wer hat gesündigt: Er oder seine Eltern?

Jesus antwortet, dass niemand daran schuld ist, sondern er ist blind geboren, damit die Herrlichkeit Gottes an ihm sichtbar wird

Was ich in der Zeit dann auch bekam war der Krankenhauskoller. Ich war ja seit dem 16.10.2022 ununterbrochen in Kliniken. Krankenhauskoller und Todesnähe verändern die Perspektive auch noch einmal.

Krankheit als Lebenskränkung – und was hat Gott damit zu tun? In der Extremsituation fühle ich mich von Gott nicht mehr erreichbar. Aber Gott umgibt mich in seiner Gegenwart.

Ich möchte mit einer **Geistlichen Übung** abschließen. Dazu lade ich Sie ein. Sie können aber innerlich zu dieser Übung auch auf Abstand bleiben, wenn Ihnen dabei etwas zu unangenehm wird.

Das Wesen dieser Übung besteht darin, dass ich den Schmerz meines Lebens mit dem Schmerz Jesu verbinde. Ich verbinde den Schmerz meines Lebens mit dem Schmerz Jesu. Und ich muss dabei in mich hineinhören und schauen, ob es eine Veränderung geben wird, oder wird alles beim Alten bleibt?

Dazu eignen sich am besten Passionslieder. Und zwar die Teile der Lieder, die gewissermaßen den Anteil am Nutzen des Leidens Jesu für unser Leben thematisieren.

Die andere Schicht von Passionsliedern thematisiert unseren Anteil an der Schuld, dass Jesus gestorben ist. Darum geht es jetzt nicht.

Ich würde uns das Lied: „Du großer Schmerzensmann" vorschlagen.

1 Du großer Schmerzensmann,
vom Vater so geschlagen, Herr Jesu Dir sei Dank
für alle deine Plagen: für deine Seelenangst,
für deine Band und Not, für deine Geißelung,
für deinen bittern Tod.

2 Ach, das hat unsre Sünd und Missetat verschuldet,
was du an unsrer Statt, was du für uns erduldet.
Ach, unsre Sünde bringt dich an das Kreuz hinan;
O unbeflecktes Lamm, kein Sünd hast du getan.

3 Dein Kampf ist unser Sieg, dein Tod ist unser Leben;

in deinen Banden ist die Freiheit uns gegeben

Dein Kreuz ist unser Trost, die Wunden unser Heil,

dein Blut das Lösegeld, der armen Sünder Teil.

4 O hilf, dass wir auch uns zum Kampf und Leiden wagen

Und unter unsrer Last des Kreuzes nicht verzagen;

hilf tragen mit Geduld durch deine Dornenkron,

wenns kommen soll mit uns zum Blute, Schmach und Hohn.

5 Dein Angst komm uns zugut, wenn wir in Ängsten liege;

Durch deinen Todeskampf lass uns im Tode siegen.

Durch deine Bande, Herr, bind uns wie dirs gefällt;

hilf, dass wir kreuzigen durch dein Kreuz Fleisch und Welt.

6 Lass deine Wunden sein die Heilung unsrer Sünden,

lass uns auf deinen Tod den Trost im Tode gründen.

O Jesu, lass an uns durch dein Kreuz, Angst und Pein

dein Leiden, Kreuz und Angst ja nicht verloren sein

Übung

Die erste Strophe beschreibt den Dank für das Leiden, in der 2. Strophe wird gewissermaßen unser Mitschuldanteil am Leiden Jesu thematisiert. Es gibt ganz viele Passionslieder, die nur dies zum Inhalt haben. Darum geht es jetzt nicht. Auf die 3. Strophe kommt es mir an. Die andern könnte man als Strophen der Bitte allgemein charakterisieren.

Versuchen Sie die Übung innerlich mit zu vollziehen. Kommen Ihnen bestimmte Dinge zu nahe, halten Sie für sich inne.

Als erstes bitte ich Sie in Ihrer inneren Aufmerksamkeit an einen Ort zu gehen, der für Sie schön ist und an dem Sie sich wohl fühlen. Das kann ein Ort im Haus, im Garten, im Ort oder im Urlaub sein. An diesem Ort finden wir uns ein. Hier verweilen wir.

An diesem Ort lasse ich den Schmerz und die Verletzung meines Lebens sichtbar werden. Was ist mein Schmerz? Um mir nicht neu wehtun zu lassen, lasse ich ihn nur so groß werden, wie es für mich gut ist. Es kann sein, dass er ganz klein erscheint. Es kann sein, dass er wie ganz weit weg erscheint. Hier verweile ich.

Ich spüre, dass Jesus jetzt neben mir steht.
Er ist auch mit den Wunden seines Leidens da.

3 Dein Kampf ist unser Sieg, dein Tod ist unser Leben;
in deinen Banden ist die Freiheit uns gegeben
Dein Kreuz ist unser Trost, die Wunden unser Heil,
dein Blut das Lösegeld, der armen Sünder Teil.

Die Wunden sind unser Heil.
Ich lasse jetzt zu, dass mein Schmerz sich mit seinen Wunden verbindet.

Oder ich bitte ihn, meinen Schmerz zu berühren.

Was passiert?
Was nehme ich wahr?
Dabei verweile ich.

Ich nehme das in meinem Herzen auf.

Quellen der Zuversicht

Hinführung

„Woher nimmst du nur diese Gelassenheit?", frug mein Schwager mich bei einem Besuch im Krankenhaus. Ich antwortete ihm: „Ich weiß es auch nicht."

Die Vorgeschichte muss ich in kurzen Strichen erzählen. 2022 erkrankte ich an einer Entzündung des Rückenmarkes. Den Ärzten war zunächst unklar, wo genau dafür die Ursache lag. Sie erhoben viele Befunde. Keiner war ohne geringe Abweichung von einer Regel. Die Abweichungen waren aber so geringfügig, dass sie nicht groß genug waren, um eine entsprechende Symptomatik hervorzurufen.

Ich litt an Lähmungen an den Beinen und an Harnverhalten. Zunächst wurde ich in der Klinik in Jena ab dem 16. Oktober 2022 mit Prednisolon behandelt, was die Lähmungen linderte. Daran schloss sich eine Reha in Bad Klosterlausnitz an, in der ich zunächst physiotherapeutisch auf gute Fortschritte blicken konnte.

Ende November kam es aber zu einem massiven Rückfall, der mich auf ein Stadium vom 16. Oktober 2022 brachte. Ich konnte gar nicht mehr laufen. Da Verlaufskontrolluntersuchungen in Jena in dieser Zeit vorgesehen waren, kam ich etwas vorzeitiger wieder auf die Station. Das Ergebnis war, dass sich neue Entzündungen im Rückenmark zeigten, die erst durch massiven Symptome bemerkt wurden.

Nachdem die Entzündungswerte nun soweit behandelt wurden, kam ich zur Frühreha nach Bad Klosterlausnitz zurück. Wieder waren auch Verlaufskontrolluntersuchungen angesetzt, so dass ich am 11. Januar 2023 wieder in der Klinik in Jena behandelt wurde.

In der Zeit ab dem 16. Oktober 2022 war ich gelähmt in verschiedenen Kliniken. Im Februar 2023 ereilte mich – ich nenne das mal – ein Krankenhauskoller. Krankenhauskoller meint den Verdruss über die Länge der Zeit und die Sehnsucht, mich mit dem Rollstuhl oder dem Rollator fortbewegen zu können. Ursula, meine liebe Frau, hatte zwar alles gut im Griff. Ich hatte aber auch die Sehnsucht, in der Wohnung im Pfarrhaus in Triptis zu sein mit dem Kaminofen, für den ich im Sommer noch die Menge des Heizmateriales berechnet hatte. Zu Hause war ich weder in der Adventszeit noch zu Weihnachten.

Dennoch rastete ich nicht aus. „Woher nimmst du nur diese Gelassenheit?"

1 Auszeit

Als ich am Beginn der Klinikaufenthalte meinen Zustand bewusst wahrnahm und spürte, dass ich sowohl geistig als auch geistlich klar und gut beieinander bin, dachte ich: das ist ja wie eine unfreiwillige Auszeit. Ich kann verschiedene Dinge reflektieren. In meiner Predigttätigkeit in der Gemeinde zum Thema Krankheit gibt es immer eine sich in verschiedenen Varianten durchtragende Botschaft. Dies Botschaft heißt: Gott kommt in die Dunkelheit des Lebens. Gott ist auf diese Weise auch in der Dunkelheit der Krankheit. Das habe ich immer anderen Menschen gepredigt. Stimmt denn das jetzt für dich in der Situation, in der du selbst in der Krankheit bist, und zwar in einer massiven Erkrankung. Rückenmarksentzündung ist kein Schnupfen. Ich habe dazu verschiedene Schichten meines Daseins in der Krankheit jetzt versucht zu betrachten und wahrzunehmen. Meine Antwort auf die Frage, ob das, was ich anderen gepredigt habe auch für mich stimmt ist: Ja, es stimmt. Es trägt mich durch. Ich spüre Gottes Gegenwart in der Dunkelheit.

In dieser Zeit des Nachdenkens und Reflektierens entsteht meine Schrift: Krankheit als Lebenskränkung und was hat Gott damit zu tun.

Auf dem Hintergrund der Lektüre eines Buches, was mir meine Schwägerin Amelie geschenkt hatte, Navid Kermani: Jeder soll von dort, wo er ist, einen Schritt nach vorn kommen war ich motiviert, den Koran in Gänze zu lesen. In dem Buch von Amelie geht es um die Einführung in den Islam.

Islam hatte ich im Religionsunterricht natürlich schon unterrichtet. Man kommt aber nie dazu in Ruhe die Quellenschriften der fremden Religionen zu lesen. Das war für mich sehr bereichernd. Die Einzelheiten der Erkenntnisse kann ich jetzt hier im Einzelnen nicht ausführen. Vielleicht wird das einmal Gegenstand eines Gemeindeabends sein. Nur so viel, dass mir drei Dinge aufgefallen sind: 1 Der Koran ist von einer großen inneren Freiheit durchzogen. 2 Viele Dinge, die dem Koran vorgeworfen werden, habe ich nicht bestätigt gefunden. 3 Die Anweisung zum Töten der „Ungläubigen" bezieht sich auf ein zeitlich sehr begrenztes Ereignis mit nur einer bestimmten Gruppe von Menschen in der Lebenszeit des Propheten und kann auf keinen Fall generalisiert werden!

Insgesamt fühlte und fühle ich mich zuversichtlich, dass ich gesund werde. Die Heilung braucht Zeit und Geduld. Aber da ist die Frage meines Schwagers: „Woher nimmst du nur diese Gelassenheit?"

2 Segnung des Bösen, damit sich die Macht des Bösen nicht entfaltet, oder: alles unter das Kreuz legen

Über den Umgang mit den sogenannten Feinden sagt Jesus im Lukasevangelium: Aber ich sage euch, die ihr zuhört: liebt eure Feinde, tut wohl denen, die euch hassen, segnet, die euch verfluchen, bittet für die, die euch beleidigen.

Dem folgt dann noch die Bildrede mit dem Hinhalten der Wange und dem Leihen des Mantels – als dem Hingeben von mehr als nötig und als die Regel erfordert.

Jesus äußert sich hier zum Umgang mit denen, die als Feinde offensichtlich Böses wollen, warum auch immer. Es geht dabei um den Umgang mit böser Energie, bzw. Kräften, die in böser Weise schaden können. In den menschlichen Beziehungen geht es darum, dass die Feinde geliebt werden. Das Wort für Lieben, was hier in der Originalsprache steht, meint nicht, dass ich die Feinde sympathisch finden soll. Es meint eine Akzeptanz des Menschen als Mensch mit seinen Bedürfnissen und die Fähigkeit, in ihm auch das Geschöpf Gottes und damit das Kind Gottes zu sehen.

Am Ende der Argumentationsreihe sagt Jesus: bittet für die, die euch beleidigen. Wer beleidigt verletzt. Der Beleidigende schleudert gewissermaßen die Energie nach außen, die ihn selbst betroffen und verletzt hat. Das trifft dann andere in ähnlicher Weise – beleidigend und verletzend – oder es gibt einen Schutz.

Der zentrale Begriff scheint mir hier der des Segens zu sein: segnet, die euch verfluchen.
Segen bedeutet einmal eine Energie. Wir sehen das in den Erzvätergeschichten des 1. Mosebuches, wenn der Segen vom Vater auf den Sohn übertragen wird. Er wird vom Vater auf den Sohn übertragen, der als der Segensträger in der nächsten Generation gilt. Es gibt an dieser Stelle in jeder Generation auch Konflikte. Der Segen ist mit sichtbaren Zeichen verbunden: Wohlstand, Wohlergehen, Bewahrung und vieles andere mehr.

Der Segen ist eine Energie und die Segnung ist die Handlung, durch die diese Energie übertragen wird. Das Besondere im Hebräischen ist, dass nicht nur Gott die Menschen segnet. Im hebräischen Denken kann auch der Mensch Gott segnen – sozusagen vom niedrigen zum höheren hin .[1] An vielen Stellen der Lobpsalmen, in

---

1 Siehe dazu: ברך
Barach (Segen). in: Gesenius, Wilhelm: Hebräisches und Aramäisches Handwörterbuch über das Alte Testament, 17 Auflage, Berlin, Göttingen, Heidelberg, 1962, S. 117 f.

denen es heißt: „Lobet oder preiset den Herrn", steht im Originaltext das Wort für segnen. Der Segen wirkt dann auf den Menschen zurück und ist energetisch viel intensiver.

Segen ist eine Energie. Und nur diese Energie bannt Böses. Wenn böse Energie verflucht wird, entfesselt sich ihre Macht ungebremst und es wird schlimm

Das gilt nicht nur zwischen Menschen, sondern auch zwischen Sachen. Im vorigen Spätsommer 2022, als ich nach und nach mit meiner Krankheit konfrontiert wurde und nichts tun konnte, vermutete ich, dass sie auch eine böse Energie in sich birgt, die sich böse für alle Beteiligten entfalten kann. Mir kam wie oft in vergleichbaren Fällen der Gedanke, das Böse der Krankheit zu segnen bzw. Jesus um seinen Segen über dem Bösen der Krankheit zu bitten, damit das Böse der Krankheit sich nicht entfaltet.

Das Wissen und die Gewissheit, dass der Segen einerseits Kraft gibt und andererseits schützt, indem er das Böse bannt, schenkt mir ein Leben im Vertrauen aus Gott und die Zuversicht, dass alles gut wird.

Ist das für mich die Quelle der Zuversicht? Da ist die Frage meines Schwagers: „Woher nimmst du nur diese Gelassenheit?"

3 Wir wissen aber, dass denen, die Gott lieben, alle Dinge zum Besten dienen, denen, die nach seinem Ratschluss berufen sind. (Röm. 8.28)

Seit Tagen ging es mir zwischendurch so, dass mich dieser Satz beschäftigte und mir ins Herz gefallen war. Er enthält eine Menge Aussagen, die nichts in den Zweifel ziehen. Dieser Vers steht unmittelbar vor dem Abschnitt, den meine Frau und ich uns zu unserer Trauung 1985 als Trauspruch ausgesucht haben. Vor diesem Vers erörtert

Paulus was das Leben aus dem Geist Gottes bedeutet. Ich erinnere mich noch an die Mühe der exegetischen Arbeit, die dieser Text uns Studenten im Studium abforderte.

Nun diese Klarheit ohne zweifelnde Einschränkungen: Wir wissen aber, dass denen, die Gott lieben, alle Dinge zum Besten dienen, denen, die nach seinem Ratschluss berufen sind.

Ich kann von mir sagen, dass ich Gott liebe. Ob ich nach seinem Ratschluss berufen bin, weiß ich so nicht. Jedenfalls lebe ich in einer Beziehung mit ihm. Ich habe die große Sehnsucht nach ihm. Und die wird er mir nicht ausschlagen.

Was würde passieren, wenn ich mich genauso voll und ganz auf die Aussage verlasse und stütze, dass mir alle Dinge zum Besten dienen. Also damit meine ich tatsächlich die Erkrankung, die Ratlosigkeit, die lange Zeit in den Kliniken, die Lähmung, aber auch viele viele positive Dinge der Gebet, des Denken aneinander u. s. w.

Wieso müssen diese Dinge das alles tun? Wer gibt ihnen gewissermaßen dafür den Auftrag und den Befehl? Was steht in der Originalsprache für ein Wort?

Von der Originalsprache her ließe sich das auch übersetzten mit: „ … alle Dinge arbeiten zum Guten zusammen … „ (… παντα συνεργει εις αγαθον …).
Synergie meint Zusammenwirken. Alle Dinge arbeiten zum Guten zusammen. Sie tun das einfach. Das hat etwas mit der Beziehung der Dinge untereinander zu tun. Es wirkt entspannt und selbstverständlich.

Vielleicht lerne ich und jeder andere, der sich auf diesen Text einlässt, die Selbstverständlichkeit des Zusammenspiels aller Dinge zum Guten hin. Gott selbst ist es, der dahinter steht.

Ist das für mich die Quelle der Zuversicht? Da ist die Frage meines Schwagers: „Woher nimmst du nur diese Gelassenheit?"

4 Resilienz

Der Begriff der Resilienz wird übersetzt mit psychischer Widerstandskraft, der Fähigkeit, um schwierige Lebenssituationen ohne Beeinträchtigungen zu überstehen. Dafür hat man sieben Säulen der Resilienz definiert: Akzeptanz, Optimismus, lösungsorientierte Ziele, Verantwortung übernehmen, positive Zukunftsplanung, enge Bindungen, Opferrolle verlassen.

Wenn ich das auf mich übertrage, habe ich diese Säulen gerade in der Zeit der Erkrankung entdeckt. Ich möchte das jetzt aber nicht an Hand der einzelnen Punkte ausführen und darstellen, wie sich das bei mir zeigt. Wer sich über Resilienz genauer informieren oder gar weiterbilden möchte, sollte das an einer anderen Stelle tun. Ich habe mich gefragt, woher kommt das bei mir? Die Krankenhausseelsorgerin, die mich in Jena regelmäßig besucht, Frau Spengler, spiegelte mir, dass es da vielleicht Erfahrungen und Erlebnisse gibt, die das für mich sehr frühzeitig verfestigt haben. Ich habe versucht, mich zurück zu erinnern und möchte hier auf zwei Erlebnisse hinweisen. Ich wähle diese Form nicht, weil ich Lust am Erzählen von Geschichten habe, sondern weil ich mir vorstellen kann, dass diese Form assoziativ beim Leser schneller Verbindungen zu seinem Erfahrungsschatz des Lebens herstellen könnte.

4 1 Er ist ganz unsichtbar

Hier erzähle ich von meiner frühen religiösen Erziehung: Mein Eltern oder Brüder beteten mit mir, wenn ich abends ins Bett gebracht wurde. Es gab in der Regel zwei Möglichkeiten von Gebeten: „Ich bin klein, mein Herz mach rein, es soll niemand drin wohnen als Jesus allein". Das andere Gebet hieß: „Lieber Gott, mach mich fromm, dass ich in den Himmel komm".

Die Gestimmtheit dieser Gebetssituationen war feierlich und anheimelnd, obwohl es ganz alltägliche einfache Situationen sind, wenn ein Kind ins Bett gebracht wird. Den Text der Gebete verstand ich nicht. Eines Tages fragte ich meine Mutter, was das Herz ist. Sie erklärte mir, dass das ein Organ in der Brust ist. Es ist ein Muskel. Der ist innen hohl und pumpt das Blut durch den Körper. Dabei wieß sie mich an, meine Hand auf meine Brust zu legen, damit ich so mein eigenes Herz schlagen fühlen konnte. Ich fragte sie noch, was denn in dem Herz drin ist, um ganz sicher zu sein, dass es wirklich nur Blut ist. Meine Mutter bestätigte das.

Ich stellte mir vor, dass Jesus in diesem ganzen Blut ist und hatte die Vorstellung, dass es ihm da doch nicht gut ging. Aber ich sprach nie drüber und konnte mir nicht erklären, warum Jesus in dem ganzen Blut sein soll, wo er es so unbequem hat.

Eines Tages fragte ich meine Mutter auch, woraus die Wolken bestehen, um dahinter zu kommen, was der Himmel ist. Die Wolken waren ja am Himmel. Sie erklärte mir, dass die Wolken aus Wasserdampf bestehen. Und sie beschrieb die Situation in den Wolken mit der Situation in der Küche, wenn sie großen Waschtag hatte. Den hatte sie einmal im Monat in einer Zeit, in der sie noch keine Waschmaschine nutzen konnten. Die Wäsche wurde auf dem Küchenherd gekocht und in einer Zinkbadewanne dann mit einem Wäschebrett durchgewaschen. Der ganze Raum war von so dichtem Wasserdampf erfüllt, dass man ihn beim Atmen spürte. Ich konnte mir nicht erklären, was ich in diesem Wasserdampf soll, wenn ich in dem Kindergebet bitte, dass ich in den Himmel komme. Dort wollte ich nicht hin. Nicht in diesen Wasserdampf, der einem immer das Atmen schwer machte.

Irgendwann – ich denke es war noch lange vor meiner Einschulung – erstarb diese Praxis des Betens. Ich wurde so ins Bett gebracht. Was sich aber als Praxis entwickelte waren Gespräche.

Es war ein regentrüber Tag. Ich stehe in der Küche neben der Nähmaschine meiner Mutter, an der sie gerade arbeitete. Sie erzählte mir von Jesus, der, wie ich bereits wusste, zu Weihnachten geboren wurde. Als er ein erwachsener Mann war, tat er viel Gutes. Aber es gab böse Menschen, die haben ihn dann getötet, indem sie ihn an das Kreuz geschlagen haben. Die Formulierung, dass sie ihn an das Kreuz schlugen verstand ich nicht im Sinne dessen, dass sie ihn annagelten. Ich stellte mir vor, dass sie seinen Körper gegen das Kreuz geschlagen hatten bis er tot war. Vermutlich diente das Gespräch dazu, mich auf den ersten Besuch in der Kirche vorzubereiten. Ich spüre heute noch die Unsicherheit meiner Mutter und vielleicht auch die Angst, dass ich mich vor dem Anblick des Gekreuzigten in der Kirche erschrecken könnte. Dann, so berichtete sie war er tot, aber Gott hat ihn zum Leben erweckt. Und danach ist er in den Himmel aufgefahren. Er ist aber auch immer bei uns. Er ist so bei uns, wie Gott bei uns ist.

Ich fragte sie, warum wir Gott nicht sehen können, wenn er immer bei uns ist. Sie antwortete: „Weil er unsichtbar ist". Er ist ganz unsichtbar. Das überzeugte und faszinierte mich gleichermaßen. Ich empfand auch einen tiefen Trost, dass Gott unsichtbar ist und trotzdem da. Ich wusste ja, dass ich zu ihm beten kann. Ich hatte also eine Beziehung zu jemandem, der die Gabe besitzt unsichtbar zu sein. Es gab Situationen in meinem Leben, in denen ich mir auch wünschte unsichtbar zu sein. Gott kann das. Das genügte mir und entlastete mich auch, mir weitere Vorstellungen von Gott zu machen, weil er ja unsichtbar ist. Unsichtbar kann und musste man sich nicht vorstellen! Das entwickelte sich auch als durchtragende Linie meines Glaubens überhaupt. Ich konnte schon als Kind mit all den zweifelnden kritischen Fragen Gleichaltriger nichts anfangen, weil Gott ja unsichtbar ist.

Die Gespräche mit meiner Mutter waren eine durchtragende Linie und Schicht in meiner Kindheit und Jugend. Meine Mutter ging nur selten zum Gottesdienst, weil sie mit einer unbedachten Äußerung unseres Pfarrers nicht einverstanden war. Sie fragte mich aber immer nach dem Kindergottesdienst oder der Christenlehre, was wir gemacht oder besprochen hatten. Ich erzählte, was ich davon verstanden hatte. Und es ergaben sich solche Gespräche, die die Inhalte des Glaubens mit dem Leben verbanden. In der Rückschau würde ich sagen hat mein Glauben und meine Gottesbeziehung eine sehr realitätsbezogene Erdung mit dem Leben erfahren.

4 2 Hier kannst du immer hin.

Nach meiner Geburt war meine Mutter dann als Heimarbeiterin für einen Strickwarenbetrieb in Apolda tätig. In ihrem erlernten Beruf als Schneiderin arbeitete sie immer für die Menschen hier und in der Umgebung.

Im Nachhinein habe ich eine große Hochachtung vor diesen Handwerksberuf, weil jedes Handwerk auch etwas Künstlerisches an sich hat. Meine Mutter hat ihr Engagement immer darauf gelegt, dass die Kleidungsstücke nicht einfach Kleidungsstücke sind, sondern speziell auch zu der Person passen, für die sie gearbeitet wurden. Im Kontakt mit Handwerkern anderer Gewerke merke ich, dass das da genauso ist. Dabei gab es immer wieder neue Herausforderungen vor großen Festen, vor Konfirmationen, Hochzeiten und bestimmten Familienanlässen, wo die Konfektionskleidung von der Stange in der DDR-Zeit den Ansprüchen einfach nicht genügte.

Dankbar bin ich, weil ich als Kind immer das Gefühl hatte, meine Mutter war immer da, wenn ich nach Hause kam. Egal wie das Wetter war, ob Sturm oder Regen oder beides oder Frost oder Schneetreiben. Ich wusste, wenn ich heim komme wird der Ofen das Wohnzimmer wärmen und für mich ist gesorgt.

War es das: Die Verankerung in Gott und die Zuflucht im Haus meiner Eltern?

Da ist die Frage meines Schwagers: „Woher nimmst du nur diese Gelassenheit?"

5 Offene Zusammenfassung

Jeden Abschnitt habe ich mit der zweifelnden Frage meines Schwagers abgeschlossen: „Woher nimmst du nur diese Gelassenheit?"

Hatte ich gehofft, bei einem der Abschnitte zu einer solchen Erkenntnis zu kommen? Das ist und war nicht der Fall.

Was mich trägt ist die Beziehung zu Gott, die unabhängig vom den äußeren Umständen ist. Hier ist meine ganz große Neigung bei dem Abschnitt, alles unter das Kreuz zu legen bzw. durch den Segen das Böse so zu bannen, dass das Böse sich nicht entfaltet. Das schützt mich und schenkt mir Energie.

Bei der Frage mit der Resilienz hätte vieles auch anders laufen können. Nun ist es so. Die Resilienz selbst hat keine Verankerung in der Ewigkeit wie die Segnung. Die Auszeit als solche zu sehen ist nur möglich, weil das andere schon da war. Und bei der Frage nach Röm 8 ist ebenso eine Einbindung in alles andere mit zu denken. So könnte es sein. Und so bin und bleibe ich zuversichtlich im Blick auf meine Heilung, die viel Zeit beanspruchen wird.

Krankheit und Zeit

Krankheit beansprucht unsere Lebenszeit. Mir ist bewusst, dass es in der Philosophie und in der Physik eine Diskussion darüber gibt, ob Zeit überhaupt existiert oder nicht. Dieser Diskussion möchte ich nicht nachgehen. Ich gehe davon aus, dass es die Zeit gibt, unabhängig davon ob sie verfließt oder ob wir verfließen.

Krankheit beansprucht unsere Lebenszeit. Dabei spielen immer wieder bestimmte Aspekte in der Wahrnehmung von Krankheit eine Rolle. Der eine Aspekt ist der nach dem Zeitpunkt einer Erkrankung. Dabei geht es nicht so sehr um die Frage, wann die Erkrankung auftritt, sondern was in uns vorgeht, wenn wir feststellen müssen, dass wir erkrankt sind. Der zweite Aspekt ist der nach der Länge der Zeit. Dauert eine Erkrankung lang oder kurz. Ist die Krankheitsdauer am Anfang klar oder nicht? Was ist dabei die richtige Zeit? Inwiefern schwingt dabei auch das Ende der Zeit mit?

1 Der Zeitpunkt

Den meisten Menschen ist oft nicht bewusst, dass sie krank werden könnten. Sie leben als hätten sie einen Anspruch auf Gesundheit. Was aber passiert, wenn sie wirklich krank werden?

Mir erging es so als ich am 16.10.2022 in die Universitätsklinik in Jena eingeliefert wurde. Dem gingen einige Erkrankungen voraus. Ich litt an zunehmenden Lähmungserscheinungen des linken Beines und einem Harnverhalt. Aufgrund der Lähmungserscheinungen schaffte ich es manchmal nicht mehr in der Wohnung, 200 m² mit einem Flur von 16 m Länge den gesamten Abstand zu laufen, so dass ich auf allen Vieren kroch. Wegen des Harnverhaltes, den ich zunächst für eine Entzündung der Harnwege hielt, sagte mir der Hausarzt am Freitag, dass es jetzt dafür zwei Möglichkeiten gibt: Katheter oder Klinik. Beides wollte ich nicht, da für Sonntag ein Erntedankgottesdienst in Döblitz geplant war. In dieser Kirche finden nur zwei

Gottesdienste pro Jahr statt, und mit dem Wasserlassen klappte es immer noch ein bisschen. Im Verlaufe des Samstags wurde mir klar, dass ich den Gottesdienst nicht leiten können würde. Ich bat einen Kirchenältesten darum, der im Gottesdienst die Lesungen hielt, aber noch nie einen Gottesdienst selbständig selbst geleitet hat. Es ging aber sehr gut.

Nachdem ich einige Tage in der Klinik war, kam eine Mitarbeiterin des Sozialdienstes zu mir.

Sie frug, was ich denn zu Hause zum Laufen hätte. Ich sagte ihr, dass ich doch zwei Beine hätte, auf denen ich hierher gekommen bin. Sie meinte, dass dass noch nicht klar ist, ob das mit den Beinen so bleiben wird. Ob ich vielleicht noch etwas anderes hätte? Ich sagte ihr:

„ Ja, ich habe noch Krücken von unserer kleinen Tochter, die sich vor einigen Jahren einen Bänderriss zugezogen hatte." Die Mitarbeiterin vom Sozialdienst schwieg zunächst. Ich wusste nicht, worauf sie hinauswollte. Deshalb frug ich sie: „Na was hätten Sie denn im Angebot?" Sie sagte: „Na vielleicht einen Rollstuhl oder eine Rollator." Ich dachte bei mir:

Einen Rollator ... Mit einem Rollator kommt Ida Meier in die Kirche. Was soll ich mit einem Rollator? Wie soll ich mit einem Rollator das Abendmahl bei den vielen Stufen in unserer Kirche austeilen? Was soll auch ein Rollator bei einer Beerdigung, bei der ich das Ritual der Grablegung frei halte? Und was soll ein Rollator bei einer Trauung?

Ich spürte, dass ein Rollator mit mir etwas machte. Er stellte mein bisheriges Leben in Frage.

Und er stellte mich in kurzer Zeit vor mehrere Probleme. Hier kommen wir zum Zeitpunkt.

Dieser Zeitpunkt enthält das Wissen, dass die Erkrankung einen Einfluss auf mein Leben nimmt, den ich im Moment nicht überblicken kann.

Was wird geschehen, wenn der Rollator in Zukunft wirklich mein Leben bestimmen sollte?

Werde ich dann noch arbeiten können? Was wird neu oder anders sein? Wie werden sich die Beziehungen verändern in denen ich stehe?

An dieser Stelle wurden für mich drei Dinge in diesem Zeitpunkt sichtbar:

1 Ich bin in Frage gestellt. Wer bin ich, wenn nur noch ich bin?

2 Ich habe für diese Infragestellung weder von außen noch von innen Hilfe.

3 Ich bin gefragt, wer bin ich, und was wird mir von innen Halt geben. Auf die Beziehungen, in denen ich im Moment lebe, kann ich nicht rechnen, Angehörige und Freunde können mir praktische Hilfestellungen im Alltag leisten, sie können mir aber keinen Halt in mir selbst vermitteln.

Krankheit als Zeitpunkt macht mir bewusst, wer ich in meinem Wesen wirklich bin, woher mir Hilfe kommt. Das lässt erfahrbar werden, worin ich Halt habe.

Wer bin ich, und was trägt mich?

Wer bin ich, wenn nur noch ich bin? In der Krankheit bin nur noch ich selbst. Alle anderen sind ja nicht krank. Mitunter werden aber durch die Krankheit auch Verluste erfahrbar: der Verlust von beruflicher Anerkennung. In Kliniken hat man mitunter mit dem Verlust der Würde und der Integrität zu tun. Das beginnt bei der Anrede, wenn mittleres medizinisches Personal die Patienten ungefragt duzen, bis dahin, dass mein Intimbereich von Fremden behandelt werden muss. Für die Mitarbeiter in der Urologie mag das Routine sein; für Patienten jedoch ein höchst gewöhnungsbedürftiger Bereich.

Wer bin ich, wenn nur noch ich bin und alles um mich wegbricht: berufliche und gesellschaftliche Anerkennung, Beziehungen zu anderen, Selbständigkeit .... u. v. m.?

Bin ich dann ein Niemand? Wer bin ich?

Das führt in die Tiefe der Seele, weil sichtbar wird, wer ich hinter all den anderen Beziehungsebenen schon immer war.

Im Kontext des christlichen Glaubens ist mir bewusst geworden, dass ich mich ganz in der Tiefe meiner Seele als das geliebte Kind Gottes verstehen kann. Diese Gotteskindschaft bleibt und ist unauslöschlich. Sie war natürlich auch schon vor der Erkrankung da. Es ist die Verankerung in Gott. Und das ist etwas, das ich nicht machen muss und nicht machen kann. Gott ist vor allem. Und das gibt Halt und trägt mich.

Die Frage ist dabei: Ist mir das bereits in der Zeit vor der Erkrankung bewusst oder nicht. Habe ich diese Gottesbeziehung bewusst gepflegt, und bildete sie nur ein dumpfes weißes Hintergrundrauschen oder spielte gar keine Rolle? Im letzteren Falle, falle ich vermutlich ins Nichts oder fühle mich wie nichts, wenn eine Krankheit oder Krise in dieser Weise in meinem Leben aktuell wird.

Wichtig ist, dass mir diese Verankerung auch zum Zeitpunkt der Erkrankung bewusst wird, damit ich mich darin getragen weiß und bergen kann. Auf diese Weise habe ich eine innere Heimat in mir beziehungsweise in Gott.

2 Die Zeitdauer

Ob eine Erkrankung lang oder kurz ist, ist immer relativ. Es können 7 Tage sehr lang sein, in denen ich mit einem banalen Infekt behaftet bin und wichtige Termine verschieben oder absagen muss. Ich selbst bin mit wenigen Unterbrechungen seit dem 16.10.2022 in Kliniken unterwegs. Im Juli 2023 zeigte sich die wahre Ursache für den Querschnitt durch ein Gewüchs in der linken Leistengegend: B – Zell – Lymphom, großzellig, diffus und aggressiv. Und diese entarteten Zellen haben im

Rückenmark Schäden angerichtet. Ich wechselte in Jena in die Onkologie, wo dieser Krebs mit acht Zyklen von Chemotherapie behandelt wurde. Zwischen den Gaben der Chemotherapeutika konnte ich nach Hause. Hier kam ich wegen des Querschnittes als Pflegefall an. Im Moment des Schreibens dieses Textes am 07.05.2024 befinde ich mich in der Reha in Kreischa.

Hier höre ich Geschichten von den Mitpatienten, die sehr viel kürzer in Kliniken waren, aber diese Zeit als lang bezeichnen. Wie es mit mir ausgeht, ahne ich zu diesem Zeitpunkt noch nicht. Ich bin voller Zuversicht, dass der Querschnitt hier gut behandelt wird, ja, dass ich eines Tages auch aus dem Rollstuhl wieder heraus komme.

Diese Zuversicht entspringt meiner Verankerung in Gott. Einerseits läuft das Leben weiter und ich kann an bestimmten Ereignissen nicht teilnehmen. Andererseits scheint sich mein Leben im Moment in Kliniken abzuspielen. Mir wird geholfen, aber ich bin in dieser zeitlichen Länge nicht in der Normalität, die ich für normal halte. Ich bin getragen von inneren Bildern, die mir die Wirklichkeit hinter der Wirklichkeit des Kliniklebens offenbaren. Es sind Bilder der Heilung und der Zukunft, worauf sich meine Zuversicht bezieht.

So kann ich die einzelnen Punkte der Zeit wie die Perlen an einer Perlenkette als mit Gottes Gegenwart umhüllt annehmen. Ich muss auf diese Weise nicht „gegen die Krankheit kämpfen", sondern erlebe mich Schritt für Schritt geführt. Das lässt mich die Krankheit annehmen und gleichzeitig über ihr stehen.

Von einem „Langzeitkranken" lesen wir im Johannesevangelium im 5. Kapitel. Dort heißt es:
1 Einige Zeit später war wieder ein jüdisches Fest und Jesus zog nach Jerusalem.

2 Beim Schaftor in Jerusalem gibt es einen Teich mit fünf Säulenhallen. Auf Hebräisch wird dieser Ort Bethesda genannt.

3 In den Hallen lagen viele Kranke, Blinde, Gelähmte und Menschen mit verkrüppelten Gliedern.

5 Dort war auch ein Mann, der seit 38 Jahren krank war. 6 Jesus sah ihn dort liegen und erkannte, dass er schon lange krank war. Da fragte er ihn: »Willst du gesund werden?«

7 Der Kranke antwortete: »Herr, ich habe keinen, der mich in den Teich bringt, sobald das Wasser in Bewegung gerät. Wenn ich es aber allein versuche, steigt immer ein anderer vor mir hinein.«

8 Da sagte Jesus zu ihm: »Steh auf, nimm deine Matte und geh!« 9 Im selben Augenblick wurde der Mann gesund. Er nahm seine Matte und ging.

Erzählt wird noch, dass von Zeit zu Zeit ein Engel in das Wasser steigt und es in Wallung versetzt. Wer zuerst in das Wasser steigt, wenn es bewegt wird, wird gesund.

38 Jahre der Krankheit sind eine lange Zeit. In dieser Zeit könnte es passieren, dass der Kranke sich in seiner Krankheit einrichtet. Es könnte auch sein, dass er spürt, dass die Krankheit ihm eine gewisse Macht über andere nach dem Motto verleiht: Ich bin krank und ihr müsst mir helfen. Darum die Frage Jesu: Willst du gesund werden, oder willst du lieber krank bleiben?

Der Kranke antwortet nicht mit ja oder nein. Er erzählt, dass er keinen Menschen hat, der ihn zu dem Wasser bringt, wenn es sich bewegt. Immer ist ein anderer vor ihm in dem Wasser und wird gesund.

Im Grunde ist das Leiden des Kranken, dass er dem System nicht entspricht und den Erwartungen, die gestellt sind, um geheilt zu werden: Als erster in dem Wasser zu sein. Das hält ihn in der Krankheit fest. Und er delegiert die Verantwortung für seine Genesung auf andere, wenn er sagt, dass er niemanden hat, der ihn zum Wasser bringt, obwohl er ja offensichtlich nicht gelähmt zu sein scheint.

Jesus löst ihn aus diesem Denken und stärkt sein Vertrauen in sich selbst, wenn er ihm dann sagt: „Steh auf, nimm deine Matte und geh!" Jesus bestärkt damit seinen Willen zum Gesundwerden und befreit ihn von dem Denken, dass man nur gesund werden könnte, wenn man zuerst in dem sich bewegenden Wasser ist. Er befreit ihn auch von der Bindung an andere, die ihn zu dem Wasser bringen müssten.

Darin nehme ich für meine Situation deutlich wahr, dass Befunde und Therapien das eine sind. Das würde dem Denken entsprechen: gesund wirst du bei guten Befunden und bei einer ordentlichen Teilnahme an den Therapien. Das ist sicher wichtig und hilft weiter.

Das andere ist aber auch meine Person, die sagt: Ich möchte gesund werden! Und ich beziehe dazu die Kraft aus der Verankerung in Gott. In dieser Verankerung kann ich mich selbst ganz anders sehen und wahrnehmen, selbst dann, wenn erwartete körperliche Heilung ausbleibt.

Krankheit und Zeit – in der Verankerung in Gott habe ich die von ihm umhüllte Zeit.

Krankheit und Deutung

Kann Krankheit gedeutet werden? Das Wort „deuten" hat den Inhalt von „auf etwas hindeuten, auf etwas hinweisen". Der Hinweis kann auf etwas erfolgen, was außerhalb der Sache liegt, um die es geht. Der Hinweis kann aber auch auf sich selbst erfolgen.

Wenn dann etwas gedeutet wird, kommt sein Gewicht zum Tragen. Das hat dann eine Bedeutung. Die Krankheit hätte dann auch eine Bedeutung. Das könnte und würde heißen, dass in ihr eine Art Botschaft für den Kranken selbst oder seine Angehörigen steckt. Ist das so? Oder ist Krankheit einfach nur ein Ereignis, das kommt und geht?

Wenn Krankheit von außen angeschaut wird ergibt sich zunächst folgendes Bild: Der Begriff der Krankheit meint einmal eine Störung von Lebensvorgängen.[2] Diese Störung manifestiert sich in einzelnen Organen oder kann den gesamten Organismus betreffen. Wahrgenommen wird diese Störung dann subjektiv an den entsprechenden körperlichen, geistigen oder seelischen Veränderungen. Damit wird die Krankheit dann objektiv diagnostizierbar.

Der Begriff der Krankheit hat auch einen sozialversicherungsgesetzlichen und arbeitsrechtlichen Aspekt. Die Krankheit macht als Störung eine Heilbehandlung notwendig. Die von der Krankheit Betroffenen sind durch die entsprechenden Beeinträchtigungen arbeitsunfähig.

Weiterhin begegnet uns Krankheit als klar definiertes Krankheitsbild. Das Krankheitsbild ist charakterisiert durch klar beschreibbare Erscheinungen im ätiologischen, morphologischen, symptomatischen und nosologischen Sinn.

---

2 Krankheit, in: Pschyrembel: Klinisches Wörterbuch, 260. Auflage, Berlin, New York 2004, S. 983

Krankheiten sind somit Störungen auf körperlicher und seelischer Ebene. Ihnen wohnt eine rechtliche Seite inne. Und sie sind als einzelne Krankheitsbilder im medizinischen Sinne klar voneinander abgrenzbar.

Hier tritt bereits das Problem einer klaren Abgrenzung zur Gesundheit im Sinne des Wohlbefindens auf. Jemand kann sich wohlfühlen, obwohl die labordiagnostischen Werte auf einen Diabetes mellitus oder auf eine beginnende Krebserkrankung hinweisen. Hilfreich ist hier die Unterscheidung von der Krankheit und dem Kranken. Kranke erleben Krankheiten unterschiedlich. Sie erfahren auch die Einschränkungen von Lebensqualität verschieden. Ein banaler grippaler Infekt kann zunächst mehr Unwohlsein verursachen als eine Krebserkrankung im Frühstadium.

In der Tat können Erkrankungen zu Hinweisen für den Lebensstil werden. Bereits ein banaler Infekt kann sagen, dass wir mit dem Körper achtsam umgehen sollten und ihm die nötige Ruhe gönnen, die er im Moment braucht. Bestimmte körperliche Reaktionen können in einem viel früheren Stadium bereits solche Signale senden, wenn wir in Achtsamkeit gelernt haben, uns mit der Sprache und den Signalen des eigenen Körpers vertraut zu machen.

Hierzu gehört deutlich auch die Fähigkeit, die Grenzen des eigenen Körpers und der Seele anzuschauen und sie so zu akzeptieren, wie sie sind. Das macht eine klare Abgrenzung zu einem gesellschaftlichen Gesundheitskult notwendig.
Dennoch kann die Erfahrung der Krankheit für den Kranken verschiedene Bedeutungen haben. Welche das sind, dem möchte ich hier nachgehen. Die Reihenfolge stellt dabei keine Wertung der einzelnen Deutungen dar.

1 Krankheit als Raum der Inkubation

Der Inkubator als Brutkasten im medizinischen Sinne ist der Raum, ein zu früh geborenes Baby gehegt und gepflegt wird, das noch nicht selbständig lebensfähig ist. Hier möchte ich den Inkubator als den Bereich verstehen, in dem wir uns auch als Erwachsene, biologisch selbständig Lebensfähige aufhalten, an denen aber die eine oder andere Veränderung und Weiterentwicklung geschieht.

Aus der Geschichte kennen wir solche Beispiele. Franz von Assisi kehrt aus einem Krieg mit der Nachbarstadt Perugia schwer verletzt zurück. Bis dahin führte er ein Leben, wie alle seine Zeitgenossen und Angehörigen seines Alters und seines Standes. Sie gehörten z. T. dem Adel an, waren wohlhabend und veranstalteten viele Vergnügungen.

Auf seinem Krankenlager beginnt Franz sich zu fragen, ob das der Sinn des Lebens ist, im Rausch und in Vergnügungen zu sein. Dabei wird er sich seiner Beziehung zu Gott bewusst. Und Franz entdeckt das Große im Kleinen. Sein Blick fällt auf die Armen seiner Zeit in denen er in einer besonderen Weise auch die Gegenwart Gottes nach Math. 25 erkennt, wo Christus spricht, was du diesen meinen geringsten Brüdern unter dir getan hast, das hast du mir getan.

In dem Raum der Krankheit wandelt er sich wie in einem Inkubator zu einem veränderten Menschen. Als er gesund wird, gründet er einen Orden, der sich besonders um dem Amen seiner Zeit kümmert.

Ein anderes Beispiel ist Ignatius von Loyola (1491 bis 1556), der ebenfalls durch eine Kriegsverletzung lange Zeit auf das Krankenlager geworfen ist. Durch die entsprechende Lektüre geistlicher Literatur, Heiligenviten und eine Darstellung des Lebens Jesu vollzieht sich in ihm eine Wandlung. Schließlich wird er nach einer langen Geschichte einer eigenen Entwicklung zum Mitbegründer der Gesellschaft Jesu, einem ausgesprochenen Bildungsorden.

In beiden Fällen öffnen Zeiten der Krankheit Räume für eine neue Betrachtung des Lebens. Weiterhin finden die Betroffenen ihren Lebensauftrag bzw. es beginnt sich ein Weg dorthin zu bahnen.

Wird der Krankheit in dieser Weise Gewicht, Deutung und Bestimmung verliehen, verliert sie ihren einseitig belastenden Charakter für den Betreffenden. Gleichwohl bedarf der Einzelne darin aber auch einer Begleitung, die ihm diese Sichtweise erschließt, denn von selbst stellt sich Krankheit als etwas Belastendes dar, das sogar auf die Grenzen des Lebens hinweist.

2 Krankheit als Raum von Freiheit

Wenn wir davon ausgehen, wie das Denken der meisten Menschen geprägt ist, werden sie Krankheit nicht als Freiheitsraum erfahren, es sei denn in einem etwas zynischem Sinn, dass ich bei leichten Erkrankungen mal ein paar freie Tage habe.

Wie kann Krankheit ein Raum von Freiheit sein?

Meine eigene Erkrankung hatte ich zunächst so erlebt, als ich neu in der Klinik in Jena lag. Ich hatte die Freiheit, Bücher zu lesen, wozu ich normalerweise nicht kam.

Andererseits fand ich mich wie in einer Krise vor. Plötzlich hatte ich den Raum und die Zeit zu prüfen, ob das, was ich anderen in meinen Predigten zu diesem Thema gesagt hatte, mich jetzt auch trägt. Das Ergebnis war: es trägt mich.

Die Krankheit als Raum von Freiheit erfordert wiederum eine gewisse innere Distanz zur Krankheit. Weniger in der flapsigen Haltung von: da haben wir ein paar freie Tage. Bei den Erkrankungen, die hier im Blick sind, kann die Zahl der freien Tage zur Last werden. Und die Krankheit selbst kann in die Ungewissheit führen.

Es erfordert eine Distanz, die mich sagen lässt: Ich habe die Krankheit, aber ich bin nicht die Krankheit. Wenn ich so herangehen kann, ist meine Identität nicht durch die Krankheit geprägt. Jeder sollte sich da im Vorfeld darüber klar werden, was ihn trägt, worin seine Identität besteht. …

3 Krankheit als Kampfraum

Von vielen wird die Krankheit als etwas zu Bekämpfendes erlebt. Mitunter sagen das die Leute am Ende des Lebens: Er hat so gekämpft und am Ende hat er doch verloren. Dabei müssen wir die Krankheit als solche nicht bekämpfen. Nicht weil die Ärzte das schon regeln werden, dass wir wieder gesund werden. Sondern weil die Menschen mit ihrem Kampf schon auch um Genesung und Gesundung bemüht sind.

Die Grundhaltung des Kampfes ist aber dennoch falsch. Besser ist eine Haltung des aktiven Wartens und Vertrauens bei der ich mich den Ereignissen anvertraue auf der Basis und der Grundlage einer Dimension, die mir selbst Identität und Würde schenkt. In dieser Haltung werde ich von der Krankheit nicht berührt. Der Kampf mit der Krankheit ist schon gekämpft. So realisiert es sich in dem Lied: Du großer Schmerzensmann, in dem es in der 3. Strophe Jesu gegenüber heißt:

Dein Kampf ist unser Sieg, dein Tod ist unser Leben;
in deinen Banden ist die Freiheit uns gegeben
Dein Kreuz ist unser Trost, die Wunden unser Heil,
dein Blut das Lösegeld, der armen Sünder Teil.

Nach meiner Erfahrung stellt Krankheit einen Kampfraum mit ganz anderen Dingen dar, etwa mit dem Arbeitgeber oder aber auch in der Klinik inwieweit ich mich vom Pflegepersonal mit Du, Sie oder in der dritten Person anreden lasse. Mitunter begegnet einem da auch der Pluralis majestatis. Aber das zu entfalten wäre ein eigenes Kapitel, besonders für mich mit so langen Erfahrungen in verschiedenen Kliniken.

Hart gekämpft werden muss in dieser Zeit allerdings mit den Krankenkassen, den Beihilfestellen oder anderen Geldgebern. Diese Aufgabe wird in den meisten Fällen dann von den Angehörigen zu leisten sein, in meinem Fall von meiner Ehefrau.

Hingegen möchte ich auf einen Raum orientieren, den Krankheit auch bietet, wenn ich selbst entsprechend offen bin.

4 Raum veränderter Perspektiven

Die Krankheit lässt mich und meine Mitwelt neu wahrnehmen. Wenn ich wegen eines Querschnittes nicht laufen kann bzw. vielleicht auch nur zeitweise nicht laufen kann: wie nehme ich Menschen wahr, die laufen können? Bin ich wütend, weil sie es können und ich nicht? Bin ich neidisch? Nehme ich das gelassen wahr? Erinnere ich mich an Situationen, in denen ich genauso laufen konnte? Spüre ich trotzdem wie es ist, über knirschenden Schnee oder durch raschelnde Blätter zu laufen?

Je negativer ich diese Situation wahrnehme, umso mehr werde ich mir selbst schaden, weil ich dem Negativen und Bösen der Erkrankung in meiner Seele Raum gebe. Je mehr ich dem positiv gegenübertrete, umso weniger schade ich mir, weil ich die Basis meines Ichs wahrnehme und stärke.

Das ist der Weg zu einer inneren Stabilität, in der ich mich als jemand wahrnehme, der krank ist, der aber nicht die Krankheit ist.

Eine andere Perspektive ist die der Dankbarkeit.

Wenn wir gesund sind, nehmen wir die Gesundheit oft nicht dankbar an, sondern betrachten sie als selbstverständlich. Gesundheit erscheint oft als eine Art verbrieftes Recht. Das ist sie aber nicht. Sie ist sehr zerbrechlich.

Zerbricht die Gesundheit reagieren die meisten Menschen jammernd, klagend und unzufrieden darauf. Die Menschen erlebten die Gesundheit ja als selbstverständlich, aber nicht dankbar. Die Selbstverständlichkeit scheint somit das Gegenteil zur Dankbarkeit zu sein. Aus anderen Bereichen ließen sich dafür weitere Beispiele erbringen.

Klagend, jammernd und unzufrieden auf die Krankheit zu reagieren führt nicht weiter. Entscheidend ist, dass ich bei meinem Kranksein auf das Gesunde schaue. Was ist gesund, was geht noch? Welche Möglichkeiten habe ich? Welche Pläne habe ich in meinem Leben und wie lassen sie sich verwirklichen? Daraus wird dann eine Basis in mir selbst, die nicht die Krankheit ist. Von dieser Basis ausgehend kann ich aber mit der Krankheit umgehen. Dann gehe ich mit der Krankheit um und nicht sie mit mir!

5 Raum der Todesnähe

Bereits als Kind hatte ich bei banalen Infekten, die mich ans Bett banden durch die körperlichen Missempfindungen, z. T. undefinierbare Schmerzen und das Unwohlsein durch das Fieber, so etwa wie eine Todesnähe gespürt.

Als ich zur Zeit meiner Erkrankung in Jena war, musste ich für einige Zeit im Februar 2023 in die ITS. Der Anlass war eine Lungenentzündung. Später kam Nierenversagen hinzu. Dabei hatte ich kein klassisches Nahtoderlebnis mit extrakorporaler Wahrnehmung, Lebensrückblick, Tunnelerfahrung und Licht. Wahrscheinlich war ich dem Leben doch noch näher als dem Tode. Unklar war bei mir in dem folgenden Moment, den ich beschreibe, was davon reale und was halluzinative Wahrnehmung war.

Ich erinnere mich, dass ich meiner Frau Emails geschickt habe, in denen die Dinge stehen, die unverständlich, unlogisch verwirrend und sinnentstellt waren. Zeitweilig konnte ich nicht sprechen, hatte Wortfindungsstörungen. Innerlich wollte ich den Tag – wie jeden Tag – mit einem Gebet abschließen. Dabei stellte ich fest, dass ich das „Vater unser" nicht mehr konnte, weil mir die Worte fehlten. Sie fielen mir einfach nicht ein, oder ich wusste nicht, wo ich gerade im Text war.

Hier stellt sich mir Krankheit als Todesnähe dar. Das scheint mir eine intensivierte Qualität zu sein. Vielleicht hat mich auch die Tatsache am Leben erhalten, dass meine Frau und ich die Ankunft unseres Enkelkindes erwarteten. Diese Ankunft wollte ich innerweltlich nicht verpassen. Und mit meiner Frau selbst wollte ich noch eine gute Zeit erleben, so, wie wir uns das für die letzten Jahre des Dienstes und die Zeit des Ruhestandes als einer Phase von großer Freiheit vorgenommen haben.

Was ich in der Zeit dann auch bekam war der Krankenhauskoller. Ich war ja seit dem 16.10.2022 ununterbrochen in Kliniken. Krankenhauskoller und Todesnähe verändert die Perspektive auch noch einmal."

Jeder von uns wird in solchen Extremsituationen andere aber ähnlich Erfahrungen haben. Dankbar können wir sein, wenn wir in solchen Situationen nicht in die endgültige Macht des Todes geraten sind.

6 Raum der neuen Lebensnähe

Wenn eine Krankheit zu Ende geht, weil Heilung einsetzt, bekommt man das Gefühl von Rückkehr in das Leben. Bald wird es möglich sein, wieder spazieren zu gehen, die Sonne zu genießen und im Garten zu sitzen. Der Leser möge an dieser Stelle überlegen, was es für ihn selbst bedeutet, nach einer langen Krankheit wieder in das Leben zu gehen.

An diesem Punkt mögen Fragen auftauchen: Etwa, was, wenn sich Lebensnähe in der alten bekannten Form nicht so einstellt wie wir sie uns vorgestellt hatten oder wünschten.

Es gibt dazu immer zwei verschiedene Formen von Fragen. Es gibt einerseits objektivierte Fragen, etwa: Wie viel ist 2 mal 2? Dass das 4 ist, ist objektiv klar. Ebenso kann die Entstehung und der Verlauf vieler Krankheiten objektiv beschrieben werden. Aber diese Darlegungen enthalten nicht die Trostkraft, für den Fragesteller, der das für sich oder seinen kranken Angehörigen erkennen möchte. Diese Fragen sind nicht objektiviert mit lehrendem Inhalt in der Antwort.

Es sind innere Fragen, die für den einzelnen von innen her beantwortet werden müssen. Oft finden sie eine Antwort in einem Dialog mit den Menschen, mit denen wir leben oder durch einen Dialog mit dem, der uns trägt und selbst das Leben ist. Denn kein Arzt kann erklären, warum mich diese Krankheit trifft.

Offene Zusammenfassung

Jeden Abschnitt habe ich mit der zweifelnden Frage meines Schwagers abgeschlossen: „Woher nimmst du nur diese Gelassenheit?"

Hatte ich gehofft, bei einem der Abschnitte zu einer solchen Erkenntnis zu kommen? Das ist und war nicht der Fall.

Was mich trägt ist die Beziehung zu Gott, die unabhängig vom den äußeren Umständen ist. Hier ist meine ganz große Neigung bei dem Abschnitt, alles unter das Kreuz zu legen bzw. durch den Segen das Böse des Bösen so zu bannen, dass das Böse sich nicht entfaltet. Das schützt mich und schenkt mir Energie.

Sehnsucht nach Heilung in der Krankheit

Menschen werden mitunter schlimm krank. Ihnen wird die Schwere der Erkrankung erst nach und nach bewusst. Das ist vor allem dann der Fall, wenn die Erkrankung im Leben einschneidende Veränderungen erfordert etwa ein Leben im Rollstuhl oder ähnliches.

Wer sich dabei nicht aufgibt, trägt immer die Hoffnung und die Sehnsucht auf eine positive Veränderung in sich, letztendlich auf Heilung.

Im Erleben der Krankheitssituation gibt es dabei zwei Ebenen. Es gibt einmal die objektive Betrachtung von außen. Hier kann ganz klar definiert werden, was Krankheit ist. Und es gibt eine Betrachtung vom inneren Erleben. Damit verbunden sind auch die Fragen im Erleben von Krankheit, die auch nur von innen beantwortet werden können.

Die Betrachtung auf einer äußeren Ebene:

Der Begriff der Krankheit meint eine Störung von Lebensvorgängen. Diese Störung manifestiert sich in einzelnen Organen oder kann den gesamten Organismus betreffen.

Weiterhin begegnet uns Krankheit als klar definiertes Krankheitsbild. Das Krankheitsbild ist charakterisiert durch klar beschreibbare Erscheinungen und Symptome.

Krankheiten sind somit Störungen auf körperlicher und seelischer Ebene. Und sie sind als einzelne Krankheitsbilder im medizinischen Sinne klar voneinander abgrenzbar.

Die Betrachtung auf der inneren Ebene:

Zum anderen gibt es eine Betrachtung der Krankheitssituation von innen, d. h. aus dem subjektiven Erleben des Kranken selbst.

Hier ist die Unterscheidung von der Krankheit und dem Kranken hilfreich. Kranke erleben Krankheiten unterschiedlich. Prinzipiell wird es gut sein, wenn der Betroffene sagen kann: ich habe die Krankheit, aber ich bin nicht die Krankheit.

Eine Krankheit kann in dem Sinne kränken, dass es Lebenskonzepte in Frage stellt. Ich habe das selbst so erlebt. Am 16. Oktober 2022 wurde ich in das Klinikum in der Universitätsklinik in Jena mit dem Rettungsdienst eingeliefert wegen auftretender Lähmungen in den Beinen und Harnverhalten.

Eine Mitarbeiterin des Sozialdienstes besuchte mich. Sie frug: „Was brauchen Sie denn? Sie können ja im Moment nicht laufen." Ich frug zurück, woran sie denn denken würde. "Ich meine einen Rollstuhl oder einen Rollator." Das war der Moment einer tiefen Infragestellung meiner Lebenssituation. Soll ich künftig das Abendmahl mit Rollator austeilen? Das Ritual der Grablegung bei einer Beerdigung habe ich bisher immer auswendig und gewissermaßen „freihändig" vollzogen. Was haben da jetzt ein Rollator oder ein Rollstuhl zu suchen?

Das war eine tiefe Infragestellung und Kränkung meines Lebens: Die Krankheit löst einen Schmerz aus. Die Krankheit kränkt das Leben. Der Inhalt der Kränkung ist: Sie stellt das Leben in Frage. Sie führt zu einem Neudenken über das Leben. Sie stellt Lebenskonzepte in Frage oder beendet sie ganz und gar.

Bei der Wahrnehmung von Kränkung und Schmerz muss es nicht bleiben. Denn die Krankheit schließt Heil als intakte Beziehung zu Gott nicht aus. Im Neuen Testament haben wir in 2. Kor. 12,1-10 den Bericht eines kranken Menschen, der dennoch die Erfahrung von Heil macht. Paulus bringt seine Krankheit in einer bildhaften Rede vor Christus zur Sprache. Er vergleicht sie mit einem Pfahl im Fleisch und den Schlägen eines Engels des Satans. Paulus bittet darum, dass ihm das weggenommen wird.

Christus aber antwortet: „Lass dir an meiner Gnade genügen, denn meine Kraft kommt in den Schwachen zum Ziel" (2. Kor. 12,12).

Das Beispiel von Paulus lässt erkennen, dass in der Krankheit Heil möglich ist. Die Ursache vieler Erkrankungen ist nicht klar; auch in der Medizin nicht und auch den Ärzten nicht. Ich nehme Krankheiten als eine Spielform der Biologie wahr. Diese Ausformungen sind aber für das Leben kränkend.

In der Beziehung zu Gott strömt mir Kraft zu. Wenn ich meinen Schmerz mit dem Schmerz Jesu verbinde erweist sich das als Quelle von Kraft. Ich muss dann die Krankheit auch nicht mehr bekämpfen. Den Kampf hat Jesus schon gekämpft, ich kann Zuflucht zu seinem Sieg nehmen. Das schenkt Kraft, Stärke und Gelassenheit.

Biographie Pfarrer Dr. Jürgen Wolf

• Geb. 1960 in Sömmerda

• Aufgewachsen in Ellersleben

- intensiver Zeichenunterricht bei Otto Paetz in Sömmerda

• 1979 Abitur in Buttstädt

• 1979 -1984 Theologiestudium in Halle

-1985 Hochzeit mit Ursula Schmidt

• 1985 Theologisch-pädagogisches Zusatzstudium in Naumburg

• 1987 Vikariat in Hildburghausen, Ordination am 1.11.1987 in Gera durch

   Landesbischof Dr. Werner Leich

• 1987 -1990 Entsendungsdienst in Hildburghausen

- 1990 Tochter Anna-Franziska geboren

• 1990 - 1996 Pfarrer in Suhl-Nord, Gemeindearbeit im Neubaugebiet

• 1992 Promotion in Halle, Thema der Dissertation: Die Bibelwoche als

   gemeindepädagogisches Handeln unter besonderer Berücksichtigung empirischer

   Ergebnisse aus der Evangelisch-Lutherischen Kirche in Thüringen

• Ab 1996 Pfarrer in Althaldensleben

-1996 Tochter Saskia-Katharina geboren

- von 2000-2022 fast durchgängig Stellvertreter des Superintendenten

- 2006 amtierender Superintendent im Kirchenkreis Haldensleben-Wolmirstedt

   2005 – 2009 Studium der Naturheilkunde

- ab 2009 Erlaubnis zur Ausübung der Heilkunde nach dem Heilpraktikergesetz

• 2001-2011 Dozent im Nebenamt im Kirchlichen Fernunterricht für Praktische

   Theologie und Mitglied im Kuratorium und der Studienleitung

- 2013 – 2016 Ausbildung zum Geistlichen Begleiter

- 2009 - 2016 Pfarrer in Hermsdorf / Thüringen

 - seit 2017 Pfarrer in Triptis / Thüringen

- Erkrankung seit 2022